Padres
conect@dos

CÓMO COMPARTIR CON LOS HIJOS
EL USO DE LA COMPU

María Goux

María Goux
  Padres conectados. - 1a ed. - Buenos Aires : Dos Tintas , 2011.

  1. Computación. Enseñanza. I. Título.
  CDD 005.3

Índice

• Introducción 5

• Cómo ha cambiado internet nuestras vidas 7
   -Los peligros de navegar en internet 11
   -Niños y adolescentes frente a internet 13
   -Consejos para los padres 17
   -¿Cómo puede internet afectar la salud de los niños y adolescentes? . . . 21
   -Precauciones 25

• ¿Qué es una red social? 37
   -Las principales redes sociales 41
   -Facebook 42
   -Twitter 45
   -Messenger 47
   -You Tube 48
   -Flickr 51
   -Blogs y Fotologs 52
   -Portales de compra-venta 57

• Consejos para niños y jóvenes sobre el uso de las redes sociales 59

• Casos reales 65

• Apéndice 71

Introducción

Las redes sociales se han transformado en una revolución y dieron origen a lo que se conoce como Internet 2.0.

Se convirtieron en una evolución de la era informática y llevaron al extremo la conectividad de las personas. Hoy podemos, en tiempo real, compartir absolutamente todo con amigos, familiares y contactos virtuales que solo acceden a nuestro entorno a través de la web.

Hay redes sociales masivas y muy divulgadas como los servicios de mensajería, Facebook o Twitter y hay otras más específicas y segmentadas.

La proliferación de esta nueva forma de comunicarse y vincularse ha dado origen a miedos y temores. Muchos padres optan por la libertad completa de sus hijos en la web y otros viven obsesionados con los peligros que puede acarrear el uso de las comunidades virtuales.

Los dos extremos son malos y perjudiciales. Como padres no debemos dejar al libre albedrío de nuestros hijos su uso, pero tampoco debemos caer en la extrema vigilancia que los ponga a la defensiva y a ocultar sus intereses.

Como en todos los órdenes de la vida hay que actuar

con seguridad, con precaución, pero con firmeza y sin temores. El miedo es el peor compañero de los padres para guiar a los hijos en el uso de las nuevas tecnologías. Ni el libertinaje ni la prohibición serán eficaces. Pero sí estaremos actuando correctamente si nos informamos, si los informamos, si aprendemos, si les enseñamos las ventajas y desventajas y si los acompañamos en el descubrimiento del mundo y de la vida misma. Porque internet y las redes sociales no dejan de ser un espejo de nosotros mismos. En rigor de verdad, las redes sociales simplemente vienen a materializar y a hacer visibles relaciones, interacciones humanas que ya existían antes de que ellas aparecieran, e incluso desde antes, mucho antes de la aparición de internet: la necesidad de compartir temas de conversación, gustos y aficiones es tan antigua como la humanidad misma.

Leamos estas páginas, empecemos a desentrañar un mundo nuevo para nosotros y acompañemos a nuestros hijos en su uso.

CÓMO HA CAMBIADO INTERNET NUESTRAS VIDAS

Cómo ha cambiado internet nuestras vidas

La vida del hombre ha sido modificada por muchos factores tecnológicos durante la historia. Hubo, entre otras cosas, cambios en la manufactura de productos, en las técnicas de fabricación, en los medios de transportes, en el cuidado de la salud y en las comunicaciones.

La radio, el teléfono o la televisión fueron innovaciones que transformaron la manera de comunicarse y de difundir la información y el entretenimiento.

No vamos a ponernos a juzgar qué invento o evolución fue más importante o alteró más la vida de la humanidad. Pero sí podemos decir, sin temor a equivocarnos, que internet ha invadido la vida del hombre moderno y se ha convertido en una herramienta de información, entretenimiento, conocimiento, consulta y laboral esencial en muchos ámbitos de la vida cotidiana.

En menos de dos décadas, internet se ha convertido en un vehículo que permite acceder a:

- Diarios y revistas

- Radios

- Llamadas telefónicas

- Consultas a oficinas públicas

- Manejo de cuentas bancarias

- Pago de impuestos y facturas

- Compraventa de objetos nuevos y usados

- Reservas en restaurantes, conciertos, cines o teatros

- Búsqueda de información en enciclopedias y bibliotecas virtuales

- Actualización de catálogos

- Cursos de carreras terciarias y universitarias a distancia

- Ver videos

- Escuchar música on line

- Trabajar a distancia desde el hogar sin necesidad de movernos hasta la empresa

- y una larga lista de etcéteras

Es decir, la lista de las ventajas que la invasión de internet ha tenido en nuestras vidas es demasiado extensa. Sin embargo, esas ventajas vienen de la mano de muchos peligros. Claro que por estos no vamos a dejar de aprovechar las enormes posibilidades que nos ofrece la web. Lo que tenemos que hacer es cuidarnos y prepararnos.

Los peligros de navegar en internet

Los peligros que podemos encontrar en la web son tan grandes como los beneficios que proporciona la red.

• Encuentros con extraños.

• Robo de datos.

• Spam o correo basura.

• Virus informáticos.

Al mismo tiempo, si bien todavía no existe una legislación universal sobre derechos de autor en la web, este tema es cada día más controlado y amenaza con convertirse en un verdadero riesgo, especialmente para los niños y adolescentes que no reparan en las consecuencias legales que pueden padecer por descargar películas, series o música de sitios ilegales y de manera descontrolada.

También se han popularizado sitios de videos caseros o blogs (una especie de diario íntimo virtual) en el cual los menores suben fotos, expresan ideas y cuentan experiencias personales. Sin embargo, si esto se hace sin control, pueden llegar a ofender a otras personas y ser acusados por calumnias o injurias.

Todos estos peligros, de una u otra manera, pueden afectar a adultos y niños, a padres e hijos. Por ello es importantísimo que la incorporación de internet a la vida familiar sea una decisión establecida por la familia y acordada por todos los miembros de la casa.

Desde el lugar de la vivienda en el cual se instalará la computadora, hasta qué clase de sitio será bloqueado pasando por el tiempo diario que estaremos conectados; todo debe ser conversado por grandes y chicos.

Como ya dijimos, internet nos ofrece muchas ventajas pero nos aproxima muchos peligros. Es como la vida misma: en sus sitios se refleja toda la vida del ser humano. Por ello, podemos encontrar ventajas y desventajas casi por igual. Lo esencial es que estemos preparados para enfrentar las vicisitudes y que imaginemos un paseo por la web, como una visita a un país desconocido: no querremos perdernos nada por conocer, pero tenemos que prepararnos para cuidarnos de posibles peligros.

Niños y adolescentes frente a internet

Hasta aquí hemos enumerado muchos de los peligros que representa una conexión a internet y más adelante describiremos otros. Pero más allá de los problemas que puedan enfrentar grandes y chicos a la hora de navegar en la web, los padres no pueden dejar de pensar en los peligros que pueden afrontar sus hijos cuando quedan solos frente a la computadora.

No hay reglas que regulen internet, así que cualquiera puede subir un sitio en la red para cualquier propósito. Algunas páginas en la red son ofensivas y amenazantes debido a su contenido. Por lo general, los padres solo reparan en la problemática de los sitios sexuales, sin embargo ese no es el único conflicto. Cuando un niño o un adolescente quedan solos ante una PC conectada a internet sin control pueden ingresar a páginas que:

• hacen apología de las drogas.

• siembran el odio y la discriminación.

• venden y trafican objetos robados.

• roban información personal.

• enseñan a adulterar documentos.

• instruyen sobre engaños a los padres.

• muestran imágenes de asesinatos, muertes, etcétera.

• promueven los hábitos ilegales.

• incentivan a desafiar la ley.

• promocionan la violencia.

• hablan a favor de las armas.

• ofrecen salas de chat sin control en las cuales los niños pueden caer en contacto con personas inescrupulosas.

Estas son solo algunas de las páginas nocivas que podemos encontrar. Cualquier actividad ilegal o perjudicial para los niños tendrá su sitio en la web. Casi cualquier búsqueda en internet puede revelar contenido desagradable.
Hasta el tema más inocente y legítimo puede ser relacionado o enlazado con algo ofensivo.

Pero probablemente, las redes sociales son las más peligrosas para los menores. Hay muchos temas que aparentan ser seguros para niños y adolescentes, pero en realidad no lo son.

Los violadores cibernéticos no son un nuevo tipo de delincuentes. Simplemente cuentan con un nuevo medio para llegar hasta sus víctimas con muy poco control y con la posibilidad de sorprender a los menores más expuestos.
Se hacen pasar por otros niños para ganarse la confianza de sus víctimas charlando con ellos acerca de la última

moda, de la música y de gente famosa. Las redes sociales pueden llevar a conversaciones privadas, correspondencia electrónica, mensajes instantáneos e intercambio de fotografías. Por tal razón es esencial que los padres controlen los tiempos que sus hijos pasan en internet y que aseguren que ellos no hayan arreglado un encuentro con un extraño.

Además de mucho tiempo conectado a la web, o de arreglar encuentros con desconocidos, los padres deben verificar si sus hijos tienen alguno de estos comportamientos:

• si pasan mucho tiempo en redes sociales.

• si tienen fotografías de extraños bajadas de la computadora.

• si almacenan fotos pornográficas en la computadora.

• si realizan extensas llamadas telefónicas, reciben regalos o cartas de extraños.

• si tienen cambios de actitud.

• si mantienen en secreto sus actividades en la web.

• si apagan la computadora o cambian de pantalla rápidamente cuando alguna otra persona entra en el cuarto.

Consejos para los padres

La mejor manera de tomar conciencia y mantener un control sobre las actividades de los hijos ante la PC es que los padres no deleguen en los menores el dominio de la computadora, sino que asuman un papel importante y sean ellos quienes establezcan los hábitos de los hijos. Además, los padres deben capacitarse e informarse para dominar y tener conocimiento de cada una de las nuevas tecnologías para guiar, ayudar, compartir y proteger a sus hijos. En estas páginas, venimos describiendo cualidades de la red y vamos a aconsejar a los adultos cómo actuar ante los niños y adolescentes. Y más adelante veremos en detalle las redes sociales que pueden atrapar a nuestros hijos y conoceremos experiencias personales para reflejarnos en ellas y saber cómo actuar ante el desafío que representa guiar a nuestros hijos en el camino de las nuevas formas de contacto, comunicación y vínculos sociales.

No pretendemos decir que "internet es nociva". Al contrario, es una herramienta de información, educación y entretenimiento que, bien empleada, es necesaria en los menores, pero que si la dejamos a su libre albedrío podrían tropezar más temprano que tarde con situaciones inadecuadas, riesgosas y peligrosas. No se trata de inculcarles miedo, sino respeto y responsabilidad para que lo que debe ser positivo no se convierta en una mala experiencia. Resumiendo, comenzamos a enumerar consejos y rutinas que deberíamos considerar:

• Colocar la computadora en un área común de la casa. Esto es probablemente lo más importante que se puede hacer. No permitir que los hijos se pasen toda la noche en sus cuartos navegando. Es mucho más difícil que un violador cibernético se comunique con un menor cuando la pantalla de la computadora está a la vista de un padre.

• Aprender computación junto con los hijos. Los padres necesitan saber cómo usar internet con el fin de saber qué es lo que hacen sus hijos.

• Los padres necesitan educarse y familiarizarse con internet.

• Deben inculcarles a sus hijos los peligros y los riesgos que hay en internet.

• Deben supervisar a sus hijos cuando navegan del mismo modo que controlan películas y programas de televisión que ven o a qué lugares van con sus amigos.

• Instalar programas que inspeccionen las páginas que son visitadas y que impidan el acceso a sitios web pornográficos o condicionados.

• Compartir junto a sus hijos los momentos en los cuales estos navegan, conocer sus amigos virtuales, sus contraseñas y sus actividades en el ciberespacio.

• Fijar reglas puntuales sobre los tiempos, momentos y actividades que pueden desempeñar y permanecer en la web.

• Hablar con los hijos de manera sincera sobre las víctimas de delitos sexuales y otros posibles peligros en la web.

• Asesorarlos sobre la necesidad de no revelar nunca los datos de la familia: dirección, teléfonos, horarios familiares, nombre de los colegios, empresas o instituciones donde concurren sus parientes, etcétera.

• Recordar a menudo que no se encuentren a solas con personas desconocidas.

• Impedirles que envíen su foto a extraños que luego puedan reconocerlos para llevar a cabo un ilícito.

• Activar los filtros, los programas de vigilancia y los controles paternos que ofrecen los servidores de internet.

• Mantenerse alerta a cambios drásticos en su personalidad.

• Los abusadores sexuales no se contentan con chatear o recibir mails: quieren hablar por teléfono, envían regalos, presentes, cartas, fotos o paquetes. Estar al tanto de estas cosas.

• Los niños generalmente usan computadoras en la escuela, los cibercafés, la casa de los amigos, etcétera. A veces es imposible controlar todo, pero sí se puede hablar con ellos y recordarles que se está al tanto de sus comportamientos.

Por supuesto que todas estas recomendaciones serán insuficientes si no están acompañadas de una profunda educación y de una relación de absoluta confianza entre los padres y los hijos.

¿Cómo puede internet afectar la salud de los niños y adolescentes?

El abuso en el uso de internet y sus redes sociales puede causar problemas emocionales, problemas físicos y problemas sociales en nuestros hijos.

Dejando de lado los beneficios que nos acerca internet y todas las posibilidades de conocimiento, el excesivo tiempo de navegación y la adopción de este hábito en forma adictiva puede causar serios trastornos en la salud y el comportamiento de las personas a cualquier edad.

PROBLEMAS EMOCIONALES

• Si se hace un uso excesivo e inadecuado de las PC, podemos dañar las relaciones interpersonales.

• Padres e hijos, indistintamente, pueden deteriorar la relación entre ellos cuando se pasa más tiempo del adecuado frente a la computadora.

• Otro efecto es la pérdida de tiempo para disfrutar con amigos a quienes se reemplaza por la red o se sustituyen salidas y actividades con ellos por un simple chat en una red social.

PROBLEMAS FÍSICOS

El excesivo tiempo frente a la PC se puede expresar en malestares como:

· dolores de espalda
· irritación de la vista
· incremento del peso corporal por la falta de ejercicio
· trastornos del sueño
· calambres
· cambio de hábitos alimentarios
· dolores de cabeza

PROBLEMAS SOCIALES

• En casos extremos la costumbre de llevar a cabo una actividad solitaria e individual podría producir una pérdida de la capacidad para relacionarse con los demás o timidez extrema.

• Los internautas muy acostumbrados al anonimato propio del ciberespacio son incapaces de mantener relaciones cara a cara.

Aunque ya lleva más de una década de permanente crecimiento, la adicción a internet es, para los especialistas, relativamente nueva y todavía no se puede abordar como una patología. Sin embargo, son cientos alrededor del mundo los profesionales, centros asistenciales y grupos de ayuda que intentan disminuir los efectos de los problemas provocados por el excesivo uso de la red.

Como todo lo que está relacionado con la tecnología, la adicción a internet es un concepto muy difícil de definir concretamente pues existen diversas opiniones. Pero, para finalizar, podemos decir que siempre será fundamental navegar en la web con mucha prudencia, control y responsabilidad. Y para eso, la presencia y el conocimiento de los padres son requisitos primordiales.

Precauciones

Antes de ingresar en el detalle de las redes sociales haremos un repaso por algunas amenazas que pueden aparecer cuando se usa internet.

1· EL SPAM

Se llama "spam" el envío masivo de correos electrónicos no deseados a cientos o miles de usuarios de internet, sin autorización.

En la jerga informática, se llama "spammers" a los usuarios de internet que utilizan el spam con fines lucrativos y maliciosos. También, es conocido como "spamming" la acción de reenviar spam.

¿Cómo podemos identificar el "correo basura"?

La gran mayoría de los correos basura se caracterizan por:

-Querer lucrar económicamente engañando al receptor.
-Estafar y mentir a través de un ofrecimiento increíblemente tentador.

En todos los rincones del mundo y destinado a personas de todas las latitudes, en todos los idiomas, se generan a diario millones de spams.

Es común que estos mensajes contengan frases como:

• Ha sido beneficiado con un tour por Europa...

• Usted ha ganado un viaje a Disney...

• Para recibir un premio increíble comuníquese al número 123 - 456 - 789

• Con esta loción usted recuperará su cabello...

• Usted puede gastar la mitad en sus llamadas telefónicas...

• Disque desde su celular el 12345... y obtenga un descuento en sus llamadas...

• Conéctese a "xxxxxx" y acelere la velocidad de su conexión a internet...

Estos son solo algunos ejemplos de engaños que llegan a nuestras casillas de correo electrónico, provenientes de direcciones que no figuran en nuestras agendas y que solo tienen la finalidad de embaucarnos.

Por tal razón, no debemos permitir ser sorprendidos por ofertas magníficas, medicamentos milagrosos, descuentos tentadores en llamadas telefónicas, premios que nos han sido concedidos en sorteos en los cuales no hemos participado, ofertas laborales para trabajar desde casa y ganar mucho dinero, etcétera. Lo importante es estar atentos y no caer en falsos engaños.

¿Es posible evitar el spam?

Actualmente los filtros de seguridad y los antivirus han progresado notablemente, pero solo pueden filtrar un pequeño porcentaje del spam recibido.

Cuando una cuenta de correo está siendo atacada por un importante flujo de correo masivo no deseado es prácticamente imposible buscar solución al problema. Podremos minimizarlo pero erradicarlo es casi un milagro.

La solución debe ser drástica y, a pesar de los inconvenientes que genera, lo más seguro en estos casos es deshacernos de las cuentas de mail infectadas por el spam. El paso siguiente es crear una nueva dirección, trasladar allí los contactos seguros que queremos mantener y poner en práctica algunos hábitos para proteger nuestra casilla de correo.

Entre esos hábitos podemos mencionar:

• **No hacer pública nuestra dirección de correo electrónico.**

Los spammers utilizan procesos capaces de localizar direcciones de correo electrónico de forma automática. Consisten en robots que rastrean las web en búsqueda de direcciones de correo que almacenan en una base de datos para posteriormente empezar a enviarles correos no deseados.

Para disminuir al máximo las posibilidades de que nuestra dirección de mail sea capturada por estos cazadores, debemos evitar:

• que nuestra dirección de correo electrónico aparezca en modo texto y de forma íntegra en páginas web

• publicarla en foros web

• firmar libros de visita

• registrarnos en recepciones de noticias, anuncios, listas de correo, etcétera.

En síntesis, realizaremos todo lo que esté a nuestro alcance para evitar ser descubiertos y comenzar a ser bombardeados con spam.

Si disponemos de una dirección que sea nuestronombre@nuestrodominio.com, podremos utilizar algunas de las siguientes técnicas para evitar el spam:

• Utilizar una imagen en lugar de texto.

• Ocultar la dirección tuNombre@BORRAR-ESTOtudominio.com

• Indicar el mail como tuNombre ARROBA tuDominio PUNTO COM

Si no somos nosotros los que diseñamos nuestro sitio, estas sugerencias se las podemos realizar a la persona que nos programa nuestra página web. Estos "atajos" no impedirán que podamos recibir mails, pero evitarán que los mecanismos que localizan cuentas de correo para enviar spam nos descubran e identifiquen nuestra dirección.

• Ser precavidos con la opción de "borrarse de la lista" o "desuscribir".

La mayor parte de los correos basura cuentan al final con una dirección que supuestamente es para darse de baja y así no recibir más correos.

Debemos saber que, en la mayoría de los casos, esto no es así. Si hacemos caso y accedemos a esa web para darnos de baja lo que estaremos haciendo es decirles que nuestra cuenta de correo está activa y es utilizada.

No solo que no dejaremos de recibir correo basura, sino que incrementaremos la posibilidad de ser destinatarios de mucha más publicidad no deseada.

En los únicos casos en los que será segura la opción de "desuscribirse" es en los boletines informativos, listas de correo y otros sitios en los que estemos completamente seguros de habernos dado de alta con anterioridad.

• Usar cuentas auxiliares

Si, a pesar de todo, somos personas a las que nos gusta recibir información periódica de distintos sitios, publicidad, invitaciones, sugerencias, etcétera, una buena alternativa es abrir alguna cuenta de correo gratuita, de las cuales existen miles en la web, y emplearla solo para suscribirnos a la recepción de estos mails. Esta dirección de correo deberemos tenerla para este uso en particular y no emplearla para temas laborales, contactos con familiares o amigos.

De esta manera conservaremos segura la cuenta de correo que nos proporcione nuestro proveedor de internet: esa cuenta solo será para uso personal.

En el peor de los casos, si esa casilla alternativa que creamos para recibir boletines colapsa o recibe mucho spam, solo la eliminaremos y abriremos otra.

• **Chequear el correo desconectado de internet**

Los spammers para comprobar qué cuentas de correo de las que disponen en sus bases de datos están actualmente activas y son utilizadas por usuarios llevan a cabo esta técnica: añaden una referencia en una imagen que tienen en su servidor en el mail que envían. Si la víctima del correo basura abre el mensaje, la imagen que se había pasado como referencia se carga, es decir, se muestra en el cuerpo del mensaje. Esta imagen es, generalmente, tan pequeña que puede pasar inadvertida para el receptor.

Una vez cargada la imagen, quien envió el corre recibe, automáticamente, una notificación comunicándole que esa cuenta de correo está activa y actualmente está siendo utilizada por algún usuario. Es decir, le comunica que puede seguir mandando basura a esa cuenta porque con total seguridad alguien recibirá su basura.

Esta trampa puede ser controlada de la siguiente manera: nos conectamos a internet, descargamos el correo al programa que usamos para tal fin (por ejemplo, el Outlook Express) y, antes de leer el correo, nos cortamos la conexión.

Mediante esta técnica evitamos que las imágenes ocultas en los correos no deseados se carguen e impedimos que el spammer reciba información sobre nuestra cuenta.

• Carpetas de correo no deseado

El envío indiscriminado de spam es tan nocivo, que la mayoría de los servidores de correo gratuito han habilitado carpetas de "Spam" o "Correo no deseado". Allí alojan los mails que se sospechan como basura. Los correos que figuran allí no son descargados a la bandeja de entrada cuando nos conectamos a internet. Igualmente, es probable que en esa carpeta se alojen mails que sí queremos recibir. Por ello, es aconsejable controlar diariamente qué mensajes han sido colocados en esa carpeta.

Cuando seleccionemos un proveedor de correo gratuito, siempre elijamos uno que ofrezca esta opción de "correo no deseado".

2· EL ROBO DE DATOS

El robo de datos personales es un delito que cada vez cobra más fuerza en la red. Todavía no alcanza el grado de divulgación que tienen otras estafas, pero es uno de los más peligrosos, dañinos y temidos por los internautas.

Ese robo de datos personales es conocido como "phishing" y, fundamentalmente, busca:

-datos personales
-contraseñas
-números de tarjetas de crédito
-claves bancarias
-cruzar información para extorsionar a las víctimas (números de teléfono, cuentas bancarias, matrículas de automóviles, etcétera)

Los ataques de los hackers se dan, principalmente, en sitios:

-comerciales
-de entidades bancarias
-de subastas
-de sistemas de pago on line

Según estudios, el phishing provocó pérdidas de más de 1.200 millones de dólares en el mundo y se cree que más del 3% de los usuarios han divulgado su información personal.

¿Cómo operan los delincuentes virtuales?

Los hackers envían mails falsos a sus víctimas con el aspecto de los de la empresa correspondiente. Además, los dirigen a páginas web que se parecen a las originales.

El phishing comienza con un mail falso que le hace creer al usuario que debe actualizar, por ejemplo, los datos de su tarjeta de crédito.

Así el internauta descuidado se dirige a la página web falsa creada por el hacker y actualiza su información bancaria. De esta manera, el usuario, creyendo estar en un sitio de toda confianza, introduce la información solicitada que, en realidad, va a parar a manos del estafador.

De esta forma se roban millones de claves bancarias para realizar fraudes en nombre de la víctima.

Algunas de las características más comunes que presentan este tipo de mensajes falsos de correo electrónico son:

-El uso de nombres de compañías ya existentes.

-En lugar de crear desde cero el sitio web de una compañía ficticia, los hackers adoptan la imagen corporativa y estructura del sitio web de una empresa existente, con el fin de confundir aún más al receptor del mensaje.

-Utilizan el nombre de un empleado real de una empresa como remitente del correo falso. Si el receptor intenta confirmar la veracidad del correo llamando a la compañía, desde esta le pueden confirmar que la persona que dice hablar en nombre de la empresa trabaja en la misma.

-Emplean direcciones web con la apariencia correcta.

-Conducen al receptor hacia sitios web que imitan el aspecto de la empresa que está siendo utilizada para robar la información.

-Todos los enlaces de la página falsa como la información legal y otros no vitales pueden redirigir al usuario a la página web real generando una confianza aún mayor en el correo recibido.

-Los dispositivos que emplean los hackers para estafar a usuarios desprevenidos pueden emplearse por poco tiempo antes de que se descubra en el sitio verdadero de la empresa que el cliente ha sido estafado. Por tal razón, disponen de poco tiempo para llevar a cabo su hurto de datos. Por eso, asustan a los usuarios a través de mensajes que instalan el factor miedo.

En muchos casos, los hackers atemorizan al usuario comunicándole que están por cerrar su cuenta, o que el saldo es negativo, o que su tarjeta está por vencer o algún otro engaño similar. Así se aseguran que el internauta que caiga en la trampa responda rápidamente y ceda sus datos personales, sus claves, etcétera.

Otras formas de robar datos

-Dejando de lado las cuentas bancarias hay piratas informáticos que envían cientos de miles de mensajes, del mismo modo que el spam, con la finalidad de obtener información de las personas. El mensaje insta al usuario a pulsar sobre un enlace, que lo llevará a una página en la que deberá introducir sus datos personales con alguna artimaña para convencer al usuario.

La finalidad de esta estafa es acumular información de los individuos para futuros engaños o para enviar, luego, otros spam más específicos.

-También se roban datos de conexiones de banda ancha, nombres, usuario y claves para poder adueñarse de conexiones más veloces.

¿Se puede reconocer un mensaje de phishing?

Es muy complicado pues los hackers modifican hasta el nombre de quien envía el correo, copian las plantillas, usan los logos y dan a sus mail la misma apariencia de uno original.

Sin embargo, lo que debemos saber es que las entidades financieras no tienen como modalidad solicitar datos personales y confidenciales a través de un correo, excepto si hemos hablado con un empleado conocido y hemos acordado con él el envío de determinada información.

Por tal razón, la medida de seguridad más confiables es no ingresar nunca nuestros números de documento, claves de seguridad, números PIN, números de cuenta bancaria, montos de transferencias monetarias, etcétera.

¿QUÉ ES UNA RED SOCIAL?

¿Qué es una red social?

Una red social en internet es, básicamente, una plataforma informática a la que acceden miles de personas para compartir información, fotografías, videos, charlas, etc.

El origen de estos sitios hay que buscarlo en una teoría social que expresa que todas las personas conocen al menos a otras cien entre familiares, amigos, compañeros de estudio y colegas laborales. Es decir que cada persona, solo comunicándose con sus cien conocidos (y comunicándoselo a los cien amigos de cada uno de sus conocidos), puede acceder a diez mil personas.

A partir de ese concepto, y usando internet, a principios de este nuevo siglo comenzaron a divulgarse diferentes redes sociales en la web que, a nivel global, estallaron allá por los años 2004 y 2005.

Las redes sociales en internet forman "comunidades", que se envían mensajes entre ellas y que comparten información. A su vez, pueden enviar mensajes a otras personas para sumarse y, así, va incrementándose el número de participantes de esa red social.

Es decir, salvo las particularidades, una red social es un vehículo para que personas diferentes —conocidas o desconocidas— compartan pensamientos, gustos, afinidades, que tengan las mismas inquietudes y búsquedas. Pero también se puede participar en una red social y, aunque no se encuentre alguien con los mismos incentivos, poder ampliar nuestros horizontes desde la diversidad y la disparidad de opiniones.

Cada red social tiene su propia característica y hace foco en distintos aspectos, como por ejemplo:

-Compartir fotos, videos, música.

-Transmitir mensajes cortos sobre eventos o actividades del momento.

-Contactar con amigos, compañeros de estudio o amigos de la infancia.

-Chatear.

-Invitar a eventos.

-Comprar y vender objetos.

-Escribir poesías, cuentos, notas o simplemente manifestar una opinión.

-Interactuar con profesionales.

Las redes se basan en tres conceptos generales:

-El de comunidad, para incorporarnos en un grupo y respetar sus normas.

-El de cooperación (ayudar y ser ayudado por los demás).

-El de comunicar (compartir conocimiento, información, etc.).

En síntesis, y como ya hemos mencionado, una "red social" no es algo malo, ni nocivo, ni perjudicial para los niños. Son nuevas formas de comunicación, cada vez más vigentes y difundidas, a las cuales no debemos prohibir, sino enseñar a usar y controlar con responsabilidad.

Las principales redes sociales

Podemos decir que cualquier persona con conocimientos informáticos básicos puede tener acceso a todo este mundo de comunidades virtuales.

Ya hemos mencionado que existen muchas redes sociales. Algunas han trascendido universalmente y hoy ya forman parte de la vida cotidiana.

Casi no existen medios de comunicación ni programas de radio o TV, ni diarios o revistas que no ofrezcan como canal de comunicación sus perfiles en Facebook o Twitter. Por ello decimos que hay muchas redes sociales, que hay algunas más segmentadas y otras más divulgadas. A continuación vamos a detallar las características de las más usadas, según Wikipedia, entre las que podemos mencionar:

· Facebook
· Twitter
· Messenger
· You Tube
· Flickr
· Blogs y Fotologs
· Portales de compra-venta

Tips para entender las redes sociales

Facebook

En sus inicios fue un sitio para estudiantes de la Universidad Harvard, pero actualmente está abierto a cualquier persona. El único requisito es tener una cuenta de correo electrónico.

Su funcionamiento está cimentado en una potente red de más de 50.000 servidores interconectados en el mundo.

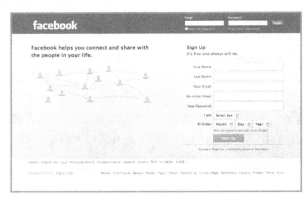

Facebook es, sin dudas, la más divulgada de las redes sociales y cuenta, en la actualidad, con más de quinientos millones de usuarios y traducciones a más de setenta idiomas.

Luego de ser traducido a diferentes idiomas, Facebook no solo ha crecido en usuarios, sino que ha transformado la forma en la que las personas utilizan internet.
Se calcula que más del 75% de los jóvenes y adolescentes son usuarios frecuentes de Facebook.

La influencia de Facebook ha sido tal que ya está considerado entre los medios como una revolución social, donde las nuevas generaciones (y no tanto) se conocen, se informan, se comunican y se entretienen.

Sin embargo, Facebook ha recibido críticas de todo tipo desde que alcanzó difusión global. Se lo acusa de sus efectos psicológicos y sus políticas de privacidad; la influencia que ejerce sobre los menores y los cambios personales que afectan a quienes lo usan con mucha frecuencia.

¿Qué servicios ofrece Facebook?

Lista de amigos
Aquí el usuario puede agregar a cualquier persona que conozca y esté registrada, siempre que acepte su invitación.
Se pueden localizar amigos con quienes se perdió el contacto o agregar otros nuevos con quienes intercambiar fotos o mensajes. Para ello, el servidor de Facebook posee herramientas de búsqueda y de sugerencia de amigos. Es

muy importante controlar a quiénes aceptan nuestros hijos como "amigos".

Muro

Es un espacio en cada perfil de usuario que permite que los amigos escriban mensajes para que el usuario los vea. Solo es visible para usuarios registrados. Permite ingresar imágenes y poner cualquier tipo de logotipos en la publicación.

Grupos y páginas

Se trata de reunir personas con intereses comunes. En los grupos se pueden añadir fotos, vídeos, mensajes, etc. Las páginas se crean con fines específicos y a diferencia de los grupos no contienen foros de discusión, ya que están encaminadas hacia marcas o personajes específicos y no hacia algún tipo de convocatoria.

Además, los grupos también tienen su normativa, entre la cual se incluye la prohibición de temáticas discriminatorias o que inciten al odio y falten al respeto y la honra de las personas. Esta es también una zona donde debemos tener cuidado. Facebook ofrece la posibilidad de denunciar grupos que atenten contra la moral.

Aplicaciones y juegos

Son entretenimientos y con muchos de ellos se puede comparar con los amigos los resultados que obtienen cada uno.

También se puede tener una mascota virtual y cosas por el estilo.

Twitter

Si bien la mayor parte de los usuarios de Twitter son adultos mayores, son cada vez más los adolescentes que lo emplean. Lo hacen para contactarse con compañeros de estudio, amigos o para seguir a gente famosa que admiran.

Twitter es una red social basada en pequeños mensajes que cuenta con más de doscientos millones de usuarios. Básicamente lo podemos definir como el SMS de internet.

La red permite mandar mensajes de texto hasta con un máximo de ciento cuarenta caracteres, llamados tweets, que se muestran en la página principal del usuario.

Los usuarios pueden suscribirse a los tweets de otros usuarios (seguir) y ser seguidos por otros usuarios (seguidores).

Los mensajes son públicos, aunque pueden difundirse de forma privada.

Los usuarios pueden usar esta red social desde la web del servicio, desde aplicaciones oficiales externas (como para smartphones).

Al seguir a otro usuario de Twitter, los tweets de ese usuario aparecen en orden cronológico inverso, en la página principal de Twitter. Si usted sigue a veinte personas, verá una mezcla de tweets desplazarse hacia abajo de la página.

Los usuarios pueden agrupar mensajes sobre un mismo tema mediante el uso de hashtags que se detallan con un "#" y la palabra o las palabras clave.

Para enviar un mensaje a un usuario se escribe una @ seguido del nick del usuario a quien se quiere escribir.

También se pueden crear listas de usuarios.

¿Para qué se usa Twitter?

• Para el seguimiento de eventos en directo.

• Para el intercambio de opiniones durante un evento.

• Para enviar información en tiempo real o fotos de un concierto, de un partido de fútbol, etc.

• Para comentar sobre cine o TV.

• Para divulgar eventos, o recomendar sitios de salidas, etc.

Messenger

El Windows Live Messenger es un programa para mensajería instantánea. Este es el más divulgado de la web, pero existen otros servicios muy similares como Yahoo Messenger.

Puede funcionar en una PC, un teléfono celular y otros dispositivos móviles.

Además de sus funciones básicas y sus características generales como cliente de mensajería instantánea, Windows Live Messenger ofrece otras opciones como acceder a una cámara web o conversar con otra persona.

Es importante que conozcamos cuáles son las personas que acceden al servicio de mensajería de nuestros hijos pues se trata de uno de los sistemas más accesibles del que disponen abusadores y delincuentes para entrar en contacto con menores, conversar con ellos, concretar encuentros u obtener información sobre los movimientos de la familia.

¿Qué se puede hacer a través del servicio de mensajería?

· Llamadas de PC a teléfono
Usando diferentes sistemas es posible entablar conversaciones telefónicas usando la PC.

· Compartir contactos

Desde hace un tiempo los contactos de los dos principales servicios de mensajería como el Windows Live Messenger y el Yahoo Messenger pueden compartirse.

· Mensajes sin conexión

Es posible enviar mensajes a los contactos que están desconectados, los cuales recibirán los mensajes una vez que vuelvan a conectarse. Además, un usuario puede iniciar conversaciones incluso cuando su estado figure como "desconectado".

· Juegos y aplicaciones

Hay varios juegos y aplicaciones disponibles desde Windows Live Messenger para que puedan ser accedidas a través de la ventana de conversación: haciendo clic en el ícono de juegos y después enviando un desafío al contacto para comenzar una partida, o también iniciando una aplicación externa de manera compartida.

You Tube

You Tube es un sitio web en el cual los usuarios pueden subir y compartir vídeos.

Es muy popular gracias a la posibilidad de alojar vídeos personales de manera sencilla. Hoy, simplemente tras crear una cuenta, cualquier persona puede subir videos a la web.

Existen reglas muy estrictas sobre la moralidad y lega-lidad para subir videos a esta plataforma. Sin embargo, siempre se filtran fragmentos que violan los derechos de autor y otros que pueden afectar a los menores. Por ello, sugerimos fiscalizar las búsquedas que hacen los niños y activar todos los controles parentales de los que disponga-mos en nuestro servicio de conexión a internet.

¿Qué tipos de videos podemos encontrar en You Tube?

• Fragmentos o trailers de películas

• Programas de televisión

• Publicidades

• Demostraciones

• Vídeos musicales

• Documentales

• Recitales

• Conciertos

• Todo tipo de video casero: festejos, actividades deportivas, eventos, fiestas, curiosidades, etc.

Los enlaces a videos de You Tube también pueden ser subidos a blogs y sitios personales. Para ello se cuenta con la posibilidad de insertar el código HTML.

En esta red social es muy simple localizar un video gracias a su sistema de etiquetas, descripciones y títulos.

En los últimos años You Tube se ha convertido en un medio de comunicación muy popular para la difusión de fenómenos informativos, deportivos, artísticos o de interés general para la humanidad como un terremoto, un eclipse o el casamiento de una celebridad. Hasta las personalidades más trascendentes de la política y del espectáculo disponen de su propio espacio en esta red social para subir los videos que ellos consideren importantes para difundir.

¿Qué videos nocivos podemos encontrar?

Como dijimos, son muchos los controles para los videos subidos a esta plataforma. Pero por lo general se reportan muy rápido los abusos y los que pueden contener escenas perjudiciales.

Sin embargo, entre los videos "caseros" hay algunos que pueden filtrarse. Se trata de aquellos que discriminan o atacan a diversos grupos étnicos, culturales o religiosos.

Es muy importante que mantengamos a los niños y adolescentes protegidos de estos videos que solo contribuyen a generar violencia, racismo y xenofobia.

Al mismo tiempo, se ha extendido una práctica entre los adolescentes en muchas regiones en la cual se provocan peleas entre compañeros de estudio, escolares o simplemente jóvenes de otros grupos sociales y suben a internet esos videos. Estos casos deben ser denunciados inmediatamente.

Flickr

Flickr es un sitio web que permite almacenar, ordenar, buscar, vender y compartir fotografías y videos en línea.

Actualmente Flickr cuenta con una importante comunidad de usuarios que comparte las fotografías y los videos creados por ellos mismos.

Esta comunidad se rige por normas de comportamiento y condiciones de uso que favorecen la buena gestión de los contenidos. Esta es una red social muy específica y que no emplean mucho niños y adolescentes. Sin embargo, siempre es bueno saber qué actividades desarrollan nuestros hijos en el uso de la misma.

La popularidad de Flickr se debe fundamentalmente a su capacidad para administrar imágenes mediante herramientas que permiten al autor etiquetar sus fotografías y explorar y comentar las imágenes de otros usuarios.

Blogs y Fotologs

Un blog es un sitio web periódicamente actualizado que recopila cronológicamente textos o artículos de uno o varios autores. Es como una especie de bitácora o diario íntimo en el cual aparece en primer término lo último que se haya incorporado.

Actualmente su modo de uso se ha simplificado a tal punto, que casi cualquier usuario es capaz de crear y administrar un blog personal.

El creador y administrador del blog tiene la capacidad de incorporar o retirar lo que crea conveniente.

En cada artículo de un blog, los lectores pueden escribir

sus comentarios y el autor darles respuesta, de forma que es posible establecer un diálogo. Sin embargo, el creador del blog puede decidir si recibe o no comentarios, si los responde o no, y si elimina los que crea inconvenientes.

Si bien el uso del blog es algo más "adulto", son muchos los adolescentes que los emplean. Básicamente el contenido de los mismos apunta a temas:

· periodísticos
· empresariales o corporativos
· tecnológicos
· educativos
· políticos
· personales
· grupales

Entre los servidores de blogs más populares se encuentran Blogger y Wordpress.

Un aspecto importante de los weblogs es su interactividad, especialmente en comparación a páginas web tradicionales. Dado que se actualizan frecuentemente y permiten a los visitantes responder a las entradas, los blogs funcionan a menudo como herramientas sociales, para conocer a personas que se dedican a temas similares; con lo cual en muchas ocasiones llegan a ser considerados como una comunidad.

¿Qué cosas identifican a un blog?

-Comentarios
Mediante un formulario se permite, a otros usuarios de la web, añadir comentarios a cada entrada, pudiéndose generar un debate alrededor de sus contenidos, además de cualquier otra información.

-Enlaces
Una particularidad que diferencia a los weblogs de los sitios de noticias es que las anotaciones suelen incluir múltiples enlaces a otras páginas web como referencias o para ampliar la información agregada.

-Fotografías y vídeos
Es posible además agregar fotografías y videos a los blogs.

Un glosario para entender los blogs

· Entrada, posteo:
Se llama así a cada artículo que se ingresa a un blog.

· Borrador:
Es una entrada ingresada al sistema pero que todavía

no se ha publicado. Generalmente se opta por guardar una entrada como borrador cuando se piensa corregirla o ampliarla antes de publicarla.

· Fotolog o fotoblog:
Es la unión de foto y blog, es decir, un blog fotográfico.

· Bloguero:
Es el nombre con el cual se conoce al creador de blogs.

· Comentarios:
Se llama de esta forma a las opiniones que pueden hacer los visitantes sobre una entrada.

· Plantilla:
Es el diseño preestablecido que ofrece la comunidad para darle un diseño al blog.

· Bloguear:
Es la acción de publicar entradas o comentarios en uno o varios blogs.

· Blogósfera:
Conjunto de blogs, o la totalidad de los blogs.

FOTOLOG

Ya hemos mencionado anteriormente que se llama fotolog a un blog fotográfico. Esta sí es una presentación mucho más juvenil y adolescente y es muy empleada en muchas comunidades.

Se trata de una especie de álbum de fotos, pero con comentarios. Y a diferencia de las redes sociales de fotografías (como Flickr), en los fotologs se sube una sola foto en cada entrada y se comenta sobre ella.

¿Cuáles son las características de un fotolog?

· La foto.
El elemento principal y no puede faltar.

· Los comentarios.
Es la aclaración o el mensaje que el autor del fotolog realiza de la foto.

· Los comentarios de los contactos.
Es habitual que se haga un comentario o un saludo de los seguidores sobre la foto posteada por el creador del fotolog.

· Los enlaces a los fotologs de los amigos.

· Enlaces favoritos.
Son recomendaciones para los amigos o seguidores.

· La fecha.
Es fundamental la fecha de publicación.

Portales de compra-venta

Son comunidades virtuales en las cuales sus inscriptos pueden comprar y vender objetos y servicios. El más conocido es Mercado Libre.

¿Cuáles son los rubros que más se comercializan por este canal?

· Computación
· Cámaras digitales
· Fotografía
· Electrónica
· Audio
· Video
· Celulares
· Telefonía
· Autos
· Motos

¿Cómo funciona el sistema?

· Los compradores solo deben registrarse en el sitio (sin costo), buscar los productos o servicios que necesitan y "hacer clic en el botón comprar".

· Vendedor y comprador reciben los datos de su contraparte vía e-mail para que se contacten y perfeccionen la transacción.

· Luego, ambos pueden calificarse para contarle al resto de

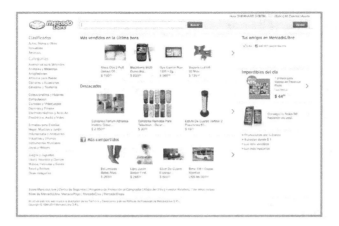

la comunidad de usuarios cuál fue su experiencia en cuanto a su contraparte, el producto y la transacción. El sistema de calificaciones permite a los compradores conocer la trayectoria de los vendedores dentro del sitio: la calidad de sus productos, el nivel de atención brindado, etc.

¿Qué riesgos pueden correr los menores?

Al no exigirse ninguna confirmación de identidad de sus registrados, en estos sitios podemos encontrar estafadores o vendedores inescrupulosos que comercialicen objetos defectuosos, sin garantía, a precios diferentes de los de mercado y varios etcéteras más fácilmente reconocibles para un adulto, pero peligroso para un menor. Por ello debemos acompañar a nuestros hijos si quieren gestionar una compra o una venta por este sistema.

Tanto sea para acercarse a un vendedor como para vender un objeto, se deben tomar todas las precauciones de seguridad y confianza necesarias para realizar una transacción con tranquilidad.

CONSEJOS PARA NIÑOS Y JÓVENES SOBRE EL USO DE LAS REDES SOCIALES

Consejos para niños y jóvenes sobre el uso de las redes sociales

Hemos numerado hasta aquí un racconto de internet, de sus peligros, de las redes sociales y de las características esenciales de cada una de ellas.

La finalidad es que los padres puedan empezar a comprender la esencia de aquellas redes sociales que desviven a muchos de sus hijos.

Ahora es el momento de ser más específicos en los consejos y en los relatos para ponernos a resguardo de ciertos peligros. Y para conocer más el mundo virtual. Porque como dijimos, no hay que tener miedo, pues internet no es peligrosa en sí misma, pero sí debemos conocer cómo proteger a nuestros niños.

¿Qué cosas no tenemos que dejar de recomendar y exigir a nuestros hijos en las redes sociales?

• No publicar información como teléfono, dirección, escuela, barrio o datos que puedan servir para que los localicen extraños.

• Usar un nombre corto en lugar de su nombre real.

• Darle privacidad al perfil usando las opciones de quienes pueden ver la información personal.

• No aceptar la amistad de gente desconocida.

• Muchas personas pueden leer lo que se publica en una red social sin que nosotros lo sepamos. Por ello los menores deben tener mucho cuidado con sus posteos, mensajes, fotos, etc.

• No exhibir en las fotos publicadas bienes materiales suntuosos.

• Especialmente los adolescentes no deben subir material con contenido sexual o de sensualidad explícita. Este es uno de los factores que atraen más delincuentes y abusadores.

• Tener siempre presente que muchas personas mienten en sus perfiles, fotos, mensajes. Siempre es preferible desconfiar de todo desconocido.

• Toda la información subida a internet siempre queda registrada, por eso es preferible no subir material comprometido y luego eliminarlo. Todo lo que comprometa a los niños puede quedar registrado.

• Insistir mucho en los niños para que sean conscientes de que hay personas a "la caza" de mensajes o datos que puedan brindar los menores para hacerles daño a ellos o a nuestra familia.

• Verificar la contraseña a menudo. Los padres deberían saber la contraseña de los menores. Pero también debemos concientizar a los niños desde el primer momento que no compartan con nadie la contraseña. Ni con amigos, ni con compañeros de estudio o juego.

• Ya entrados en la adolescencia es común que se formen encuentros a partir de una red social. Esta es una nueva forma de vincularse que no podemos enfrentar ni prohibir. Pero sí podemos asesorar, ayudar, acompañar y saber dónde y con quién nuestros hijos van a hacer un contacto personal surgido de una red social. Nunca va estar de más que el primer encuentro se haga en un lugar público y que los padres acompañen a sus hijos, aunque sea a distancia, para asegurarnos de que aquel joven romántico o esa señorita dulce sean en verdad la persona que contactó a nuestros hijos.

• Hoy, es común que los chicos tengan en casa una PC para uso personal. Y es muy difícil para los padres controlar y regular el tiempo de conexión. Estas son algunas rutinas fáciles para tratar de que incorporen los niños:

· Aplicar e instalar todos los controles parentales que ofrezca nuestro proveedor de internet y asesorarnos sobre el software disponible par evitar la carga de sitios no recomendados para menores.

· Instalar una clave de acceso a internet para que los niños no puedan conectarse solos.

· Colocar la computadora en un espacio común de la casa.

· Permitir un tiempo diario de conexión. Una hora reloj es un período más que suficiente para que los niños pasen frente a la PC.

· Si tenemos en cuenta que también verán la TV y que, por ejemplo, tendrán una consola de juegos, el tiempo de internet no debe ser excesivo.

· Llevar un control de las actividades que los niños desarrollan en la web. Controlar sus contactos, su contraseña, sus amistades y, sobre todo, como dijimos al comienzo de estas páginas, su comportamiento y sus cambios de actitudes.

· Si los padres también usan la red social, poder agregar a los hijos como "amigos".

· Recordarles casi a diario que no compartan con nadie su contraseña.

CASOS REALES

Casos reales

Ejemplos para tener en cuenta

CASO 1: Tu contraseña es tuya

Adriana y José son los papás de Agostina. Ellos tuvieron que pasar una situación complicada. Su hija cometió el error de compartir con sus amigas su contraseña. Lo hicieron como un juego, para poner a prueba su amistad.

Sin embargo, algunos días después de ese episodio, su hija fue a ingresar a su correo y su contraseña no funcionaba. La misma había sido cambiada.

Una de sus amigas había ingresado a su cuenta de correo electrónico y había logrado modificar su contraseña. Pero no todo quedó allí. Además de burlar la contraseña e ingresar a la cuenta, la compañera de Agostina había enviado correos a sus contactos, con ofensas, revelando secretos e invadiendo la privacidad de todos los contactos y correos de Agostina.

La situación generó un gran conflicto. Imaginemos lo vivido por una niña de 12 años que ve perdida su cuenta de correo y que recibe enojos de muchos de sus conocidos por haber recibido mensajes agresivos.

Los padres de Agostina tuvieron que intervenir, se generó una discusión con la compañera y sus padres y, finalmente, Agostina optó por tener una nueva cuenta de correo.

Por supuesto que todos vivieron un mal momento y las niñas terminaron peleadas y enemistadas.

Este ejemplo sirve para que los niños comprendan que las contraseñas no deben compartirse con nadie. En este caso, el final fue solo una pelea, pero en niños más grandes o adolescentes puede haber consecuencias más dolorosas o violentas.

CASO 2: Controlar los tiempos

Fernanda y Gustavo son los padres de Tomás y Florencia.

Sus hijos, chicos de menos de 10 años, comenzaron a pasar demasiado tiempo frente a la PC. Las tareas laborales y los exigidos tiempos de los padres hicieron que los pequeños estuviesen muchas horas navegando en la web. Si bien no cayeron en sitios nocivos ni en páginas peligrosas, Tomás, el mayor de ellos, empezó a mostrarse distraído en la escuela. No culminaba sus deberes y sus distracción y desgano se empezaron a manifestar en clase. Solo parecía interesado en internet.

Tuvieron que ponerle un horario diario fijo para usar la web. Así pudieron controlar su excesivo uso y volver a adaptarlo al estudio.

Ejemplos como el anterior son muy claros para demostrar que el abuso de internet puede influir muy rápidamente en los niños.

CASO 3: La compu a la vista

Eliana y Gastón son padres de tres chicos: Santiago, Rocío e Isabel. Los chicos aún van a la escuela primaria, pero ya dominan el uso de la PC y disponen de cuentas de Messenger. Por ahora sus padres no han sufrido ningún problema con ellos, pero ya se han puesto a resguardo.

En su casa colocaron la PC en un lugar visible del comedor diario. Los chicos solo pueden conectarse cuando uno de los padres esté presente y solo pueden hacerlo durante una hora.

Cuando hablan del tema, ellos dicen que están muy conformes con el uso que sus hijos hacen de la web. "Poner esas limitaciones nos ha permitido fomentar la lectura y otros divertimentos para su tiempo libre".

CASO 4: La importancia del diálogo

Inés es divorciada y vive con Sofía, su hija de 14 años. Ella está en una edad de muchos conflictos y de un uso permanente de las redes sociales. Sofía pasa mucho tiempo en Facebook y ha aceptado muchas solicitudes de amistad.

Durante un tiempo estuvo esquiva, y cada vez que su madre ingresaba al cuarto, ella cerraba las ventanas u ocultaba lo que estaba viendo. Luego de hablar con Sofía, Inés comprobó que algunos contactos de su hija intentaban mantener con ella conversaciones obscenas.

Hoy, Sofía y su madre se aceptaron mudamente como amigas en las redes sociales, y comparten muchas conversaciones y experiencias. La madre solo quiere saber a qué contactos su hija va aceptando.

APÉNDICE

Para conocer la computadora

El monitor

Es un aparato similar a un televisor que, conectado al CPU, permite observar en él todas las operaciones que se realizan en la PC. Hay de diferentes tamaños, de pantallas comunes o planas, pero todos se instalan de la misma manera.

Desde Inicio, Configuración, Panel de Control, Pantalla, se puede acceder a una ventana llamada Propiedades de Pantalla. Desde ese lugar, y haciendo clic en cada una de las pestañas (fondo, protector, apariencia, efectos, web y configuración) se pueden modificar los diferentes aspectos del monitor.

El teclado

El teclado es el instrumento por el cual se pueden introducir a los diferentes programas, instrucciones escritas y comandos especiales realizando combinaciones entre algunas de sus teclas.

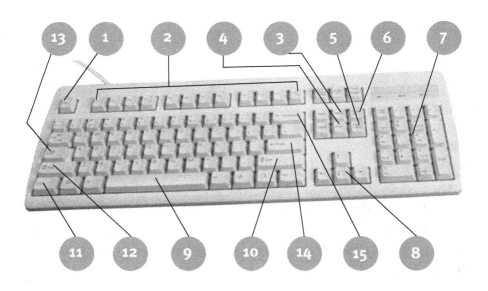

1. ESCAPE (Esc)	10. ALT (se combina con otras teclas)
2. TECLAS DE FUNCIÓN	
3. INICIO	11. CONTROL (se combina con otras teclas)
4. FIN	
5. AVANCE	12. SHIFT (combinada con otra, escribe en mayúsculas)
6. RETROCESO	
7. TECLADO NUMÉRICO	13. BLOQUEO DE MAYÚSCULAS
8. FLECHAS DE DESPLAZAMIENTO	14. ENTER
9. BARRA ESPACIADORA	15. BACKSPACE (borra caracteres de a uno)

Como piezas principales, una computadora personal presenta un monitor, un teclado y una Unidad Central de Procesamiento (CPU)donde se instalan todos los componentes necesarios para el funcionamiento, entre ellos, el disco rígido y la placa madre.

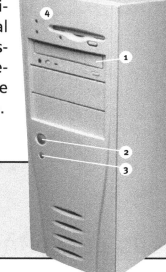

1. LECTORA DE CD o DVD	3. BOTÓN DE RESET
2. BOTÓN DE ENCENDIDO	4. LUCES DE FUNCIONAMIENTO

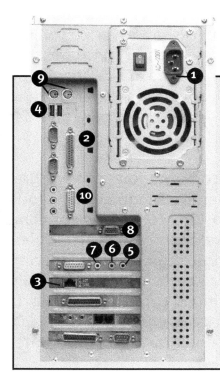

1. INGRESO DE ELECTRICIDAD
2. PUERTO PARA CONECTAR LA IMPRESORA
3. CONEXIONES DE LÍNEA TELEFÓNICA
4. PUERTOS USB
5. CONEXIONES DE AUDIO
6. ENTRADA DE MICRÓFONO
7. SALIDA PARA PARLANTES
8. PUERTO PARA CONECTAR EL MONITOR
9. CONEXIONES PARA MOUSE Y TECLADO
10. CONEXIONES PARA JOYSTICK

La base de la PC se llama Motherboard o "placa madre" y, como lo indica su nombre, es el lugar principal en el cual se instalan y conectan los demás componentes.

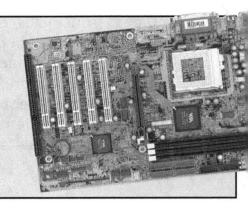

Los compañeros de la PC

Una computadora personal necesita de varios compañeros para poder llevar a cabo las tareas y funciones más complejas. Por ejemplo, una impresora da la chance de llevar al papel los trabajos realizados, un escáner permite almacenar las fotos de un viaje, y un CD sirve para guardar y conservar mucha información.

Como ya se ha estudiado, la computadora está integrada básicamente por tres elementos fundamentales que permiten su uso: el gabinete o CPU con todos sus componentes internos, el teclado y el monitor. A partir de estas unidades básicas, y contando con un sistema operativo instalado, la PC puede entrar en funcionamiento. Sin embargo, existen otros dispositivos como el escáner, la impresora, el mouse, los joystick, los disquetes o los CD, que aumentan las posibilidades de llevar a cabo diferentes operaciones y tareas.

Mouse: Es, quizás, el dispositivo que más ha facilitado el uso de la PC. Existen miles de diseños, formas y presentaciones, pero su función básica y elemental es darle órdenes a la computadora a través de su botón izquierdo. Los más modernos han incorporado rueditas de desplazamiento para facilitar la navegación en Internet. Hay otros que son ópticos, es decir, que no poseen la clásica "bolita" en su parte inferior y, también, existen mouses inalámbricos, que no necesitan de un cable para funcionar.

Impresora: Como en la mayoría de los compañeros de la PC, existen de diversas presentaciones, tamaños, formas y costos. Hay a chorro de tinta o láser. Para comprar una hay que tener en cuenta el uso que se le va a dar y el valor que tienen los cartuchos de tinta. Se conectan muy fácilmente y los nuevos sistemas operativos las reconocen sin necesidad de configurarlas.

Joystick: Más allá de hacer los trabajos prácticos o de buscar información en la web, la computadora se usa para jugar. Y para disfrutar los juegos es fundamental contar con algún dispositivo que permita utilizar todas las funciones. Para esta función existen joystick, gamepad o volantes para usar los juegos de autos y carreras.

Escáner: Es como una especie de fotocopiadora que sirve para copiar una foto y luego almacenarla en la PC. Es muy útil cuando se quiere conservar fotos en formato digital o cuando se desea enviar una imagen por mail.

Windows

El Windows es uno de los principales sistemas operativos y el más utilizado por los usuarios comunes por su simpleza y familiaridad para el funcionamiento. El sistema operativo es tan importante como el CPU, el monitor y los demás componentes de la PC, ya que sin el mismo la computadora no puede realizar operaciones ni recibir órdenes.

Ya se han estudiado en capítulos anteriores todos los componentes que integran una PC. Sin embargo, el otro eslabón fundamental en esta cadena de la informática es el sistema operativo. Sin él, la computadora no puede llevar a cabo ninguna tarea. Existen distintos sistemas operativos (Linux, Unix, Novell), pero sin dudas, el más utilizado y el más aceptado por los usuarios de todo el mundo es el Windows en todas sus versiones: 98 SE, ME, XP, NT , 2000, 7, etc.

Cualquiera de estos sistemas nombrados son esenciales para administrar y hacer funcionar los programas llamados "de aplicación" como, por ejemplo, el Word, el Excel o el Explorer.

El sistema operativo se instala en el disco rígido y tiene instrucciones para guiar al monitor, al teclado, al mouse, a la impresora y, además, almacena la información básica del sistema y las instrucciones para los demás programas.

Aquí se empezarán a descubrir algunos secretos básicos del Windows.

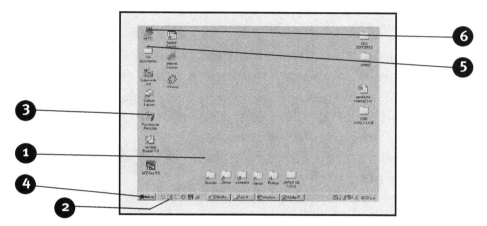

1. Escritorio

2. Barra de tareas: Muestra las diferentes ventanas que están abiertas.

3. Papelera de reciclaje: En este lugar se archivan todos los documentos y programas eliminados. Desde allí se pueden recuperar, pero al vaciar esta carpeta se pierden para siempre.

4. Botón inicio: Permite acceder al menú principal para dar comienzo a las tareas principales, a la búsqueda de documentos o a la configuración del sistema, entre otras cosas.

5. Principales íconos: Mi PC, Mis Documentos, y los principales programas que se hayan configurado para tener el ícono sobre el escritorio.

6. Mi PC: Desde aquí se accede a las unidades básicas de la PC, discos, unidades de almacenamiento, etc.

Menú principal

Permite localizar programas, documentos, favoritos de internet, configuraciones básicas y administrar a los usuarios.

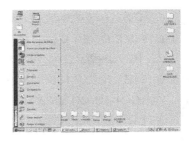

Las ventanas

En Inglés, "Window" significa "Ventana", y este sistema operativo recibe tal nombre porque funciona sobre la base de ventanas. En la imagen se ve la ventana que se abre al hacer doble clic con el mouse sobre el ícono "Mi PC". Cada una de las carpetas de Windows se representa con un ícono y se accede de esta manera. En el próximo capítulo de Informática se detallará cada una de las diferentes características de las ventanas.

Programas

Al hacer clic aquí se despliega la lista de los principales programas instalados.

Apagar el sistema

Desde esta ubicación se busca la opción de cerrar la sesión y apagar la PC.